Puedes consultar nuestro catálogo en www.picarona.net

¡Los yetis son lo peor!
Texto e ilustraciones: *Alex Willan*

1.ª edición: octubre de 2024

Título original: *Yetis are the Worst!*

Traducción: *Júlia Gumà*
Maquetación: *El Taller del Llibre, S. L.*
Corrección: *Sara Moreno*

© 2022, Alex Willan
Publicado por acuerdo con Simon & Schuster
Books for Young Readers. Sello editorial de Simon & Schuster
Children's Pub. Division, USA
(Reservados todos los derechos)

© 2024, Ediciones Obelisco, S.L.
www.edicionesobelisco.com
(Reservados los derechos para la lengua española)

Edita: Picarona, sello infantil de Ediciones Obelisco, S.L.
Collita, 23-25. Pol. Ind. Molí de la Bastida
08191 Rubí - Barcelona - España
Tel. 93 309 85 25
E-mail: picarona@picarona.net

ISBN: 978-84-9145-743-5
DL B 8453-2024

Printed in China

¿Sabías que los duendes podemos ser muy misteriosos?

Acechamos en las sombras...
Galletas de Gilbert

Aparecemos en los lugares menos pensados...

¡Y somos unos expertos del camuflaje!

(Soy yo, Gilbert).

Y, sin embargo, parece que toda la gente esté intrigada por una curiosa criatura más que por el resto...

LAS COSAS MÁS MISTERIOSAS

Como el hada de los dientes,

¿Qué hace con todos esos <u>dientes</u>?

los gnomos,

¿Cómo mantienen sus sombreros tan puntiagudos?

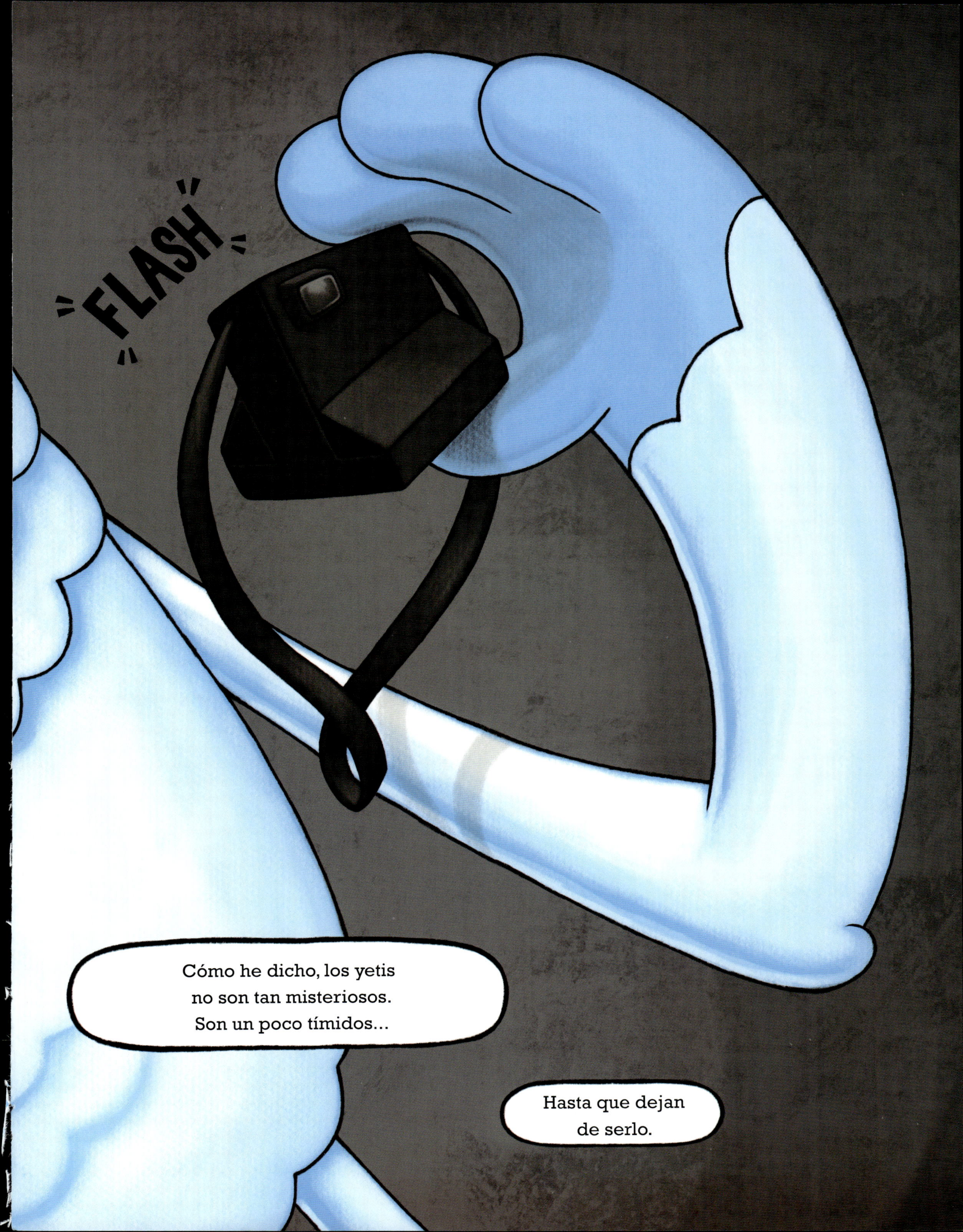
FLASH
Cómo he dicho, los yetis no son tan misteriosos. Son un poco tímidos...
Hasta que dejan de serlo.